I0162836

Editorial Eclepsidra
propicia este espacio
para quienes emergen y
comienzan su tránsito
por el camino de la
literatura, para todos
aquellos que cruzan el
umbral tras el destino
que los conducirá en pos
de su voz y de la palabra
verdadera.

Poesía
Ensayo y crónicas
Entrevistas y testimonios
Narrativa
Dramaturgia

Editorial Eclepsidra

HIBRAHIM ALEJO
(Maracay, 1993)

Cursó estudios en la Facultad de Ciencias de la Educación de la Universidad de Carabobo donde obtuvo el título de Licenciado en la Mención Lengua y Literatura. Actualmente ejerce la docencia en instituciones educativas de nivel medio y superior en su ciudad natal. Prepara un segundo volumen de poemas que provisionalmente ha titulado *Líneas para una ensoñación*. Cultiva el ensayo y revisa un conjunto de notas críticas sobre la obra y el legado de poetas nativos del Estado Aragua.

Los sitios constelados

Los sitios constelados

Hibrahim Alejo

POESÍA

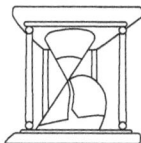

Editorial Eclepsidra
POESÍA
Caracas, 2017

EDITORIAL ECLEPSIDRA
Carmen Verde Arocha, Directora
Luis Gerardo Mármol, Director Asociado

COLECCIÓN VITRALES DE ALEJANDRÍA
POESÍA

Los sitios constelados
1ª edición, 2017
© Hibrahim Alejo
© Editorial Eclepsidra, Asociación Civil
© Fotografía de portada: John Alejo
© Fotografía del autor: John Alejo
© Prólogo: José Napoleón Oropeza

Coordinación y producción editorial
Carmen Verde Arocha
María Antonieta Flores

Asistencia a la producción editorial
Rafael González García

Diagramación y montaje
Fabiana Schael Medina

Versión electrónica
Rafael González García

Editorial Eclepsidra
RIF: J-30098908-9
Email: editorialeclepsidra@gmail.com
f Editorial Eclepsidra
Teléfonos: 0412.999.34.48 / 0414.244.52.71

Hecho el Depósito de Ley
Depósito legal: MI2017000894
ISBN: 978-980-6480-76-6

Caracas, 2017

Los sitios constelados: un espejo en perpetuo vaivén

Los sitios constelados primer libro del joven poeta
Hibrahim Alejo, nacido en Maracay, el 30 de julio
de 1993, reúne veinte textos en los cuales el lector
resultará sumergido en una atmósfera de constante
levitación y ensueño. La palabra lo amaga y lo
seduce tras el susurro de una voz intermitente:
cada poema propone una constante evocación y
espejeo de seres de aire, tierra y luz transmutados en
sombras fantasmales. En líneas. En puntos.

El tránsito de elementos de tierra y de luz
—*madres, ojos, luciérnagas, chispas, grillos, marfil,
naranjas, estrellas*— fija y desfija un intercambio
entrecortado de esencias: la transmutación de imá-
genes sometidas a un ritmo hesicástico en incesante
vaivén. Las imágenes de seres y figuras recurrentes
devienen en sombras. Pero también en derrotero de
luz, en claridad. Puntos y líneas se funden; se sepa-
ran; fijan la silueta de figuras femeninas convertidas
—luego de ser sombras— en curvas, en estelas, en
insectos transformados en un punto de luz, en el
alfabeto de una naturaleza en constante mudanza
expresado a través de un prístino lenguaje:

"Siempre en la cabeza
a oscuras o con luces.

Los astros me la traen
o todo entre asfalto y aceras.

Sólo a ella atañe este despojo.

Allí quedaría entonces

junto a sus víctimas que amé."

El susurro rastrea en un intento de registrar un ser real. Pero, al final del viaje, sólo queda el atisbo de imágenes de grillos, naranjas, astros, sombras y luces. Elementos de un paisaje interior fundido en la única verdad subyacente tras la evocación: la noche inacabada, la fusión de cielo y tierra en el "ojo lunar" o en un patio colmado de luciérnagas.

Entre la sombra, el fulgor de voces y figuras apagadas sólo persiste el deseo de seguir deambulando, de manera circular, en un tránsito insondable de puntos, de manos y de líneas. Esas manos intentan asir estrellas, sombras dibujadas entre luces, entre elementos transmutados en un solo color: el color naranja deviene en color negro, en noche inacabada plena de murmullos, de un susurro que —de verso a verso— recorre el espacio, desdibujando sombras en las cuales se otea algún punto de luz.

Al final del tránsito, tan sólo persistirá un oleaje: el vaivén inagotable de la palabra descarnada tras el registro de apariciones y desapariciones de cuerpos y de luces. Queda, como experiencia, el registro de la experiencia amorosa de una voz que susurra mientras procura asir y —quizá— concluir la búsqueda de un elemento real, eterno y absoluto.

Tras la búsqueda de un recuerdo absoluto sólo pervive un punto luminoso, intermitente e íngrimo. Sólo persistirá el anhelo de seguir el camino fluctuante de una sombra convertida en punto de luz. O de una mandarina transformada en ola, en un pedazo de cielo. En un cuerpo que —en sus constantes giros— sólo desea "asir estrellas" y con ellas hacer algún nudo entre las manos. Para que el juego del oleaje prosiga y se torne posible asir un recuerdo absoluto y total, o el perfume de la noche húmeda en pleno mediodía:

"A medio día
dos estrellas.

Entorno húmedo
y profundo
de noche inacabada."

Una vez sumergidos en los espacios de *Los sitios constelados* permaneceremos para siempre envueltos en su ritmo, en su murmullo, en el vaivén de los elementos de un paisaje en permanente desmoronamiento y ascenso hacia un cielo biselado en líneas y en puntos. En cada poema marcharemos de un espacio a otro tras un punto de luz, tras una línea convertida en grillo y, a la vez, en estrella.

Viviremos para siempre en el lugar de la intermitencia, sometidos a un ritmo hesicástico, tras el goce amoroso del ascenso y descenso de la noche húmeda, en medio del oleaje de cuerpos que apenas si configuran un punto de sombra, una línea y, a veces, un punto de luz.

José Napoleón Oropeza

Las Eluvias III, amanecer del día miércoles 08 de junio de 2016

Las Eluvias III, amanecer del día domingo 16 de abril de 2017

A mi padre José Antonio Meléndez:
mi gratitud grabada en una piedra.
Por la ola amorosa que siempre nace
entre sus manos.

"Quisiera, amada, que yacieras
En la tierra, bajo hojas de bardana,
Mientras las estrellas, una a una, se apagan."

William Butler Yeats

POESÍA

Anuncian los astros

las fiestas desnudas

de las noches

cuando tiemblan

sus luces

que no se apagan.

La fiesta más alegre

donde tal vez aguarden

aquellos que un día.

Ojos de marfil

dicen los viejos

qué buenos muertos

o almas buenas.

Y otros

qué luces o chispas

madres de las altas estelas.

Pero algunos:

amigas envejecidas

fijas a la hora

de nuestras muertes.

Yo entonces

les miro cada noche

ojos de marfil.

Le cubren los astros
ramadas y silencios.

Yo la miro
cuando su boca besa
las estelas

y escapa como ellas
apenas el día asienta los pies.

Tan mía en mis somnolencias.
Sólo allí en las horas breves.

En alguna parte
dormida y media
mientras las luces
consigo van muriendo.

Brilla el ojo lunar

y los mil y un ojos envejecidos.

Brilla la ciudad,

en los patios las luciérnagas.

Y yo brillando y mis pupilas

de luna, de astros

de ciudad e intermitencia.

Cayó una estela
como una bala fría.

A noche media
cuando aún vibraban
las luciérnagas.

Estela como chispa
o tal vez
alguna estrella

y besó un sitio
húmedo
de la medianoche.

Así las cosas pues.

Sin luna y sin astros;

la noche anduvo sin luces

disuelta en sus cabellos.

Nada nunca fue tal cosa

tan alegre o bella.

Y seguían todos

las curvas blancas;

las curvas blancas suyas.

Una boca de falso clarete

que tuviera mayo treinta veces.

Y estrellas que pasaban.

Y el tiempo que pasó.

Perpetua noche

reposando allí.

En esos ojos

de mis remembranzas.

No duró casi nada.

Pero acá fijas

quedaron sus pupilas.

El destello

de una noche de estío.

O el relumbre

de chispas todavía.

A medio día

dos estrellas.

Entorno húmedo

y profundo

de noche inacabada.

Las manos que deshojan

quieren asir estrellas

cada noche.

En medio de las calles

nadie murmulla.

Sólo un dedo sube;

pero no alcanza

las manos que deshojan

quieren asir estrellas.

Las vigas de un ingenio

buscan tomar los astros.

Los cerros todos lo saben.

Y los desvelos del semáforo

hacer de una luciérnaga.

Todas las estrellas, todas lo saben.

Ella estuvo por la mitad

en la hora suya.

Esa hora de la media medida;

de astros hondamente regados

que tiemblan por temblar.

Desnuda apenas constelada.

Alargada fluorescencia

por las calles

por las ondas de las noches.

Siempre en la cabeza

a oscuras o con luces.

Los astros me la traen

o todo entre asfalto y aceras.

Sólo a ella atañe este despojo.

Allí quedaría entonces

junto a sus víctimas que amé.

Serranías inclinadas

con sus sombras.

Se pintan de trigo rancio

los inicios y las horas.

Altamente puesta

con rumor de hierba

de calles y pájaros.

Más vieja que el polvo

que aguanta los pasos.

Caliente nombrada

con sus nombres.

Cayó en la frente

la alborada

en las mejillas

y en las pestañas.

Las horas del día

le aguardan y siguen

hasta el soplo

de la tarde noche.

La alborada

estará esperando

sin los gritos

y en el mismo sitio

estaré yo.

Para despedirnos

Oh, fin de tu llegada.

El ocaso nos vino a dar
con luces de nostalgia
y un aire regando
besos y miradas.

Tú me dejas en la banca
de mis tristezas

arrojando florescencias

con las manos desnudas
y los labios.
Irás ahora con la luna
y los ojos que te amaron
a tus espaldas.

Estatuas tendidas

en baldosas

entre nosotros.

La tarde nos parió

debajo de las bancas

y entonces

sombra sobre sombra.

Tú y yo

en la plaza

la misma línea.

En los escaños de las plazas

fui un loco abandonado

sin quererlo.

Miraba la tarde

que fue como el color

de las naranjas

pero fui un loco abandonado.

Me miraban hasta los mendigos

a mí que estuve

por la tarde y luces

y yo que anduve

por el color de las naranjas.

Este sitio.

El crepúsculo

y las mandarinas

en las manos

y en la frente

en los labios

húmedos de besos.

Y no supe el sitio
mientras vibraba aquélla.

Amarilla o quizá
mandarina abierta.

Así estuvo toda
hasta las horas de luciérnagas.

Siempre quedo triste
cuando está dejando.

cuando empiezan a otear
las luces fijas.

En un recuerdo a tiempo
las cosas que se han ido.

Nos miran

pero no lo dicen.

Entre la avenida

y la arboleda

los grillos no se escuchan.

Amarillas de naranja.

Las luces ya se apagan.

Amarillas de naranja

a lo lejos.

Bandadas nocturnas

que tú viste.

Intrémulas luciérnagas

que yo vi.

Quise ir por las charcas

para ver en ellas

el letargo de astros.

ÍNDICE

POESÍA

COLECCIÓN VITRALES DE ALEJANDRÍA (POESÍA)

- *Vitrales de Alejandría,* antología poética
- *Sable* de Edda Armas (Premio Municipal de Poesía, 1995)
- *Sultani* de Abraham Abraham
- *Kikalia* de Marcia Ottaviani (Cuba)
- *Sueño* de un día de Luis Gerardo Mármol
- *Cuira* de Carmen Verde Arocha
- *El sonido y el sentido* de Carmelo Chillida
- *En caso de que todo falle* de Graciela Bonnet
- *Cantos hiperrealistas* de José Luis Ochoa
- *Sesión de endodoncia* de Marha Kornblith
- *Que nadie me pida que lo ame* de Alexis Romero
- *El ojo de la orca* de Blanca Elena Pantin
- *Entre objetos respirando* de Gina Saraceni
- *Los trabajos interminables* de María Antonieta Flores
- *El atlas de la memoria* de Toni Montesinos (España)
- *El linchamiento de los caballos expósitos* de Rolando Jorge (Cuba)
- *Sed* de Eleonora Requena
- *Canción del difunto* de Alejandro Suárez
- *Día de San José* de Erika Reginato
- *Umbría* de Rafael Courtoisie (Uruguay)
- *La mudanza* de Gabriela Rosas
- *Tánger* de Pia Pedersen
- *Memoria ovalada* de Enrique Moya (Austria)
- *La transparencia y el enigma* de Irma Huncal
- *Me muevo aparte de la noche* de Lilian Navarro
- *Vaivén* de Juan Liscano
- *Tatuaje* de Leonardo Padrón
- *Anochecí por dentro* de Blanca de González
- *Enseres* de Julio César Rossitto
- *Desconocida* de María Auxiliadora Chirinos
- *Las tintas del escriba* de Ángel Galindo
- *La jaula de la sibila* de Moraima Guanipa
- *Linaje de ofrenda* de Miguel Márquez
- *El hueso pélvico* de Yolanda Pantin

- *Sangre* de Anabelle Aguilar
- *Plexo solar* de Rafael Arráiz Lucca
- *Submundos* de Vladimir Vera
- *Riesgo de cercanía* de Jesús Alberto León
- *Cuadernos de bitácora* de Tobías Burghardt (Alemania)
- *Pirómana* de Rafael del Castillo Matamoros (Colombia)
- *Altos de las yeguas* de Antonio Trujillo
- *El idioma de las hormigas* de Wolfgang Ratz (Austria)
- *Ceniza inicial* de Gabriel Saldivia
- *Hendidura de agua* de Celsa Acosta Seco
- *Poemas in festus* de Edmundo Ramos
- *Quemaduras* de María Ramírez Delgado
- *Escurana* de Beverly Pérez Rego
- *La voz de mis hermanas* de María Antonieta Flores
- *Sin hábitos de pertenencias* de Gustavo Portella
- *a pie de la página* de Juan Carlos López Quintero
- *De- Lirio* de Mariela Casal
- *Soy el animal que creo, Antología* de Santos López
- *Entretejido* de Victoria Benarroch
- *Agosto interminable* de Gabriela Rosas
- *El país de los muertos* de Leonardo González-Alcalá
- *De cara al río* de Joaquín Ortega
- *Purgatorio* de Luis Gerardo Mármol
- *Gramática de piedras* de Ruth Hernández Boscán
- *Caballos hebreos* de Manuel Fihman
- *Talla de agua* de Douglas Gómez Barrueta
- *madera de orilla* de María Antonieta Flores
- *Ruinas vivas* de José Luis Ochoa
- *Castañas de confianza* de Geraldine Gutiérrez-Wienken
- *Los roces domésticos* de Otoniel Medina
- *Rumores* de Jacobo Penzo
- *En el jardín de Kori* de Carmen Verde Arocha
- *Bellas ficciones* de Yolanda Pantin
- *Memorial de la caída* de Joaquín Marta Sosa

FUEGOS BAJO EL AGUA (ENSAYO)

- *Breve tratado de la noche* de Juan Carlos Santaella
- *Satisfacciones imaginarias I. Una indagación sobre lingüística y poética* de Francisco Javier Pérez
- *Vueltas a la Patria* de Rafael Arráiz Lucca
- *Satisfacciones imaginarias II. Indagaciones sobre lenguaje, literatura y música* de Francisco Javier Pérez
- *El Caribe tiene de nombre de mujer. Identidad cultural en la literatura del Caribe anglófono: Jean Rhys* de Corina Yoris-Villasana
- *La granja bella de la casa* de Elizabeth Schön
- *El coro de las voces solitarias* de Rafael Arráiz Lucca
- *Cuatro estaciones para Ungaretti* de Erika Reginato
- *Cómo editar y publicar un libro. El dilema del autor* de Carmen Verde Arocha

CATEDRAL SOLAR (ENTREVISTAS Y TESTIMONIOS)

- *Acercamientos a Alfredo Silva Estrada* de Chefi Borzacchini

EL FALSO CUADERNO (NARRATIVA)

- *Cuentos para gnomos* de Deyanira Díaz
- *Breviario del ocio* de Carmen Rosa Gómez
- *El mundo sin geometría* de Enrique Moya
- *Lucía* de Ligia Mujica de Tovar
- *Qué habrá sido de Herbert Marcuse* de Jacobo Penzo
- *Vieja Verde* de Alicia Freilich

EL PATIO DE LAS ANCÍZAR (DRAMATURGIA)

- *Lo escuché llorar en mi boca. Tríptico de Caracas* de Joaquín Ortega
- *Polvo de hormiga hembra* de Yoyiana Ahumada Licea

SERIE LOS CUADERNOS DEL DESTIERRO

- *El libro de la tribu* de Santos López
- *Martha Kornblith.* Obra completa

FUEGOS BAJO EL AGUA (ENSAYO)

- *Breve tratado de la noche* de Juan Carlos Santaella
- *Satisfacciones imaginarias I. Una indagación sobre lingüística y poética* de Francisco Javier Pérez
- *Vueltas a la Patria* de Rafael Arráiz Lucca
- *Satisfacciones imaginarias II. Indagaciones sobre lenguaje, literatura y música* de Francisco Javier Pérez
- *El Caribe tiene de nombre de mujer. Identidad cultural en la literatura del Caribe anglófono: Jean Rhys* de Corina Yoris-Villasana
- *La granja bella de la casa* de Elizabeth Schön
- *El coro de las voces solitarias* de Rafael Arráiz Lucca
- *Cuatro estaciones para Ungaretti de Erika Reginato*
- *Cómo editar y publicar un libro. El dilema del autor* de Carmen Verde Arocha

CATEDRAL SOLAR (ENTREVISTAS Y TESTIMONIOS)

- *Acercamientos a Alfredo Silva Estrada* de Chefi Borzacchini

EL FALSO CUADERNO (NARRATIVA)

- *Cuentos para gnomos* de Deyanira Díaz
- *Breviario del ocio* de Carmen Rosa Gómez
- *El mundo sin geometría* de Enrique Moya
- *Lucía* de Ligia Mujica de Tovar
- *Qué habrá sido de Herbert Marcurse* de Jacobo Penzo
- *Vieja Verde* de Alicia Freilich

EL PATIO DE LAS ANCÍZAR (DRAMATURGIA)

- *Lo escuché llorar en mi boca. Tríptico de Caracas* de Joaquín Ortega
- *Polvo de hormiga hembra* de Yoyiana Ahumada Licea

SERIE LOS CUADERNOS DEL DESTIERRO

- *El libro de la tribu* de Santos López
- *Martha Kornblith*. Obra completa

COLECCIÓN AUTORES EMERGENTES

- *La memoria de los trenes* de Victoria Benarroch (POESÍA)
- *Bitácoras de mundos imposibles* de Saúl Rojas Blonval (NARRATIVA)
- *Ucronías. Ficciones Filosóficas* de George Galo (NARRATIVA)
- *Casa de Espejos* de María Consuelo Bianchi (POESÍA)
- *Canto de la encrucijada* de Alejandro Sebastiani Verlezza (POESÍA)
- *Gula* de Ángela Molina (POESÍA)
- *Mange-Mil y sus historias de tierra caliente* de Alain Lawo-Sukam

Para la primera edición de *Los sitios constelados*
de Hibrahim Alejo, editada y publicada
por la Editorial Eclepsidra,
se utilizaron las familias tipográficas Palatino
y Napoleon.

www.ingramcontent.com/pod-product-compliance
Lightning Source LLC
Chambersburg PA
CBHW060626030426
42337CB00018B/3224